NSONS

ET

CHANSONNETTES

PAR

MARCELLIN DESBOUTIN.

— ∙∙∙∙◦◦◦◯◉◯◦◦◦∙∙∙ —

PARIS

TYPOGRAPHIE PLON FRÈRES,
36, RUE DE VAUGIRARD.
—
1852

CHANSONS

ET

CHANSONNETTES.

CHANSONS

ET

CHANSONNETTES

PAR

MARCELLIN DESBOUTIN.

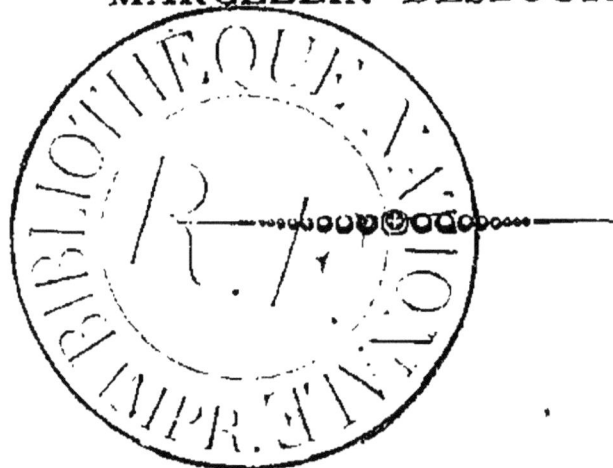

PARIS

TYPOGRAPHIE PLON FRÈRES,
36, RUE DE VAUGIRARD.
—
1852

A MON AMI

Armand de Pons.

CHANSONS

ET

CHANSONNETTES.

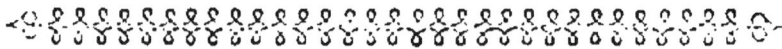

LA CHANSON D'AUTREFOIS.

Air : *Halte là ! la garde royale est là.*

Échappée à la bagarre,
Une muse qu'on poursuit,
Et qui sans doute s'égare,
Frappe au seuil de mon réduit.
—Laisse une pauvre hirondelle,
Près de toi faire son nid :
Je t'enseignerai, dit-elle,
De vieux airs que Dieu bénit,
    Mes chansons   (*Bis.*)
Sans grands airs et sans façons

1

Je reviens de nos vieux âges :
J'étais jeune et folle alors ;
Sur mes pas les fous, les sages,
Se pressaient à mes accords.
Heureux temps que je regrette !
Plus vive que les oiseaux,
Je chantais sous la coudrette,
Sur le bord des frais ruisseaux,
    Mes chansons
Sans grands airs et sans façons.

Railleuse alors, mais sans haine,
Je me moquais dans mes vers
De certains rois qui, sans gêne,
Mettaient leurs bas à l'envers.
Quand le Français, que j'honore,
De l'Anglais brisait le joug,
C'est moi qui chantais encore.
Au convoi du grand *Malbrough*
    Mes chansons
Sans grands airs et sans façons.

Plus leste au temps des marquises,
Sous la poudre et l'amidon,
Pour des modes plus exquises
J'inventais *la Faridon*.

Chère à tout garde-française,
Sous les balles des mousquets,
Il sifflait encore à l'aise
Mes refrains vifs et coquets,
    Mes chansons
Sans grands airs et sans façons.

Quand souffla le vent d'orage,
Pauvre oiseau je me cachai
Au fond des bois, sous l'ombrage,
Par le bruit effarouché.
Au sort bientôt je me fie;
Mais, après trop de chagrins,
Un brin de philosophie
Attristait mes gais refrains,
    Mes chansons
Sans grands airs et sans façons.

Oh! d'un siècle qui m'oublie
Pour la fausse gravité,
Sauve au nom de la folie
Les restes de ma gaîté.
Aux charmes du vieux langage
Des rustres font le procès;
Sauve avec moi du naufrage
Notre vieil esprit français,

Mes chansons
Sans grands airs et sans façons.

— Conteuse des vieilles gloses,
Enseignez-moi vos accords :
Mais de vos métamorphoses
Prenez le plus petit corps.
Pour mieux causer à l'oreille,
Et piquer l'attention,
Transformez-vous en abeille,
Sans oublier l'aiguillon
Des chansons
Sans grands airs et sans façons.

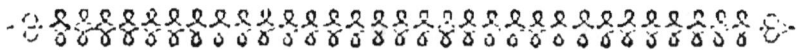

LA FOLIE ET LA RAISON.

Air : *Ah! que de chagrins dans la vie!*

La gaîté s'enfuit de la France ;
Au bruit du choc des intérêts :
Au froid regard de la science
Elle dérobe ses attraits.   (*Bis.*)

Moi, pour narguer un siècle qui l'oublie,
Rouvrant ma porte à la vieille chanson,
A mon secours j'appelle la Folie,   *Bis.*
Pour me sauver des maux de la Raison !

Un jour la Raison fut déesse,
Et trôna sur un char sanglant,
Idole d'un peuple en ivresse
Qui ne la suivait qu'en tremblant.
De peur qu'un jour ce char souillé de lie
Ne vienne encor retracer son sillon,
A mon secours j'appelle la Folie,
Pour me sauver des maux de la Raison.

Chassant Dieu même de son temple,
Sur un autel fait de débris
Longtemps elle donna l'exemple
Du sacrilége et du mépris.
De peur de voir sa fête rétablie
Du Dieu vivant profaner la maison,
A mon secours j'appelle la Folie,
Pour me sauver des maux de la Raison

Plus loin, d'adeptes entourée,
Pensive, un scalpel à la main,
Elle cherche l'âme éplorée

Dans les fibres d'un corps humain.
Moi, dont l'esprit devant Dieu s'humilie,
Croyant que l'âme échappe à sa prison,
A mon secours j'appelle la Folie,
Pour me sauver des maux de la Raison.

J'entends parler d'un nouveau monde
Où la Raison, dictant ses lois,
Rendra toute terre féconde
Pour les humains égaux en droits.
En attendant que la Philosophie
Ait éclairé ce lointain horizon,
A mon secours j'appelle la Folie,
Pour me sauver des maux de la Raison.

La Raison vient, en politique,
Créer pour tous des droits nouveaux
Et proclamer en république
Un peuple de petits rivaux ;
Déjà des champs la borne est abolie,
Le maître armé veille sur sa moisson :
A mes accents vienne donc la Folie,
Pour nous sauver des maux de la Raison

LA FARIDONDAINE.

Les Français de France ont chassé
    Les vieilles ritournelles !
Mais puisqu'on revient au passé
    Dans les modes nouvelles,
Je vais me remettre au vieux ton,
La faridondaine, la faridondon !
    M'affublant en vrai Carabi,
        Biribi,
    A la façon de Barbari,
        Mon ami.

Nos pères, à ces vieux refrains,
    Ont fait sauter nos mères ;
On faisait l'amour en quatrains,
    Tranquille entre deux guerres
Nous descendons par la chanson
La faridondaine, la faridondon,
    De feu compère Guilleri,
        Biribi,

A la façon de Barbari,
　　Mon ami.

Le vieux code de la gaîté
　　Régissait ce vieux monde :
Ils rencontraient l'Égalité
　　En dansant une ronde.
Quand on chantait à l'unisson
La faridondaine, la faridondon,
　　En France il n'était qu'un parti,
　　　Biribi,
　　A la façon de Barbari,
　　　Mon ami.

Au souvenir de ces vieux airs,
　　Mon cœur se sent à l'aise ;
La rime y va tout de travers,
　　Mais la verve est française.
On va de Pontoise à Meudon,
La faridondaine, la faridondon.
　　Mais sans aller chercher midi...
　　　Biribi,
　　A la façon de Barbari,
　　　Mon ami.

Sur nos romances d'aujourd'hui,
　　Le chanteur qui se pâme,

Dans les bâillements de l'ennui,
　　Est prêt à rendre l'âme !
J'aime mieux un franc rigodon,
La faridondaine, la faridondon,
　　Chanté par un gros réjoui,
　　　　Biribi,
　　A la façon de Barbari,
　　　　Mon ami.

Dans nos morceaux à passion
　　L'esprit bat la campagne :
On sort des brouillards d'Albion
　　Pour rôtir en Espagne.
Est-ce du lard ou du cochon?
La faridondaine, la faridondon.
　　C'est du style, dit-on, eh fi!...
　　　　Biribi,
　　A la façon de Barbari,
　　　　Mon ami.

Puissent ces airs du temps passé
　　Nous rendre l'allégresse,
Et du peuple qu'ils ont bercé
　　Dérider la vieillesse !
Enterrons les Français au son
De faridondaine, de faridondon.

Et prouvons que tout a fini,
     Biribi,
A la façon de Barbari,
     Mon ami.

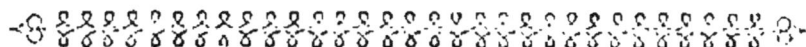

LA LORGNETTE.

Air : *Halte là, la garde royale est là !*

Dis-moi, vieil ami d'enfance,
De nous deux quel est le fou ?
Quand tout t'irrite et t'offense,
Je chante et je ris de tout.
Pour dissiper les fantômes,
Bannir terreur et regret,
Avec moi rire des hommes,
Viens apprendre mon secret :
     Suis mon goût,
     Et vois tout
Par le petit, petit bout.

Assis sur même banquette,
Dans ce grand théâtre humain,

A chacun même lorgnette
Nous fut remise à la main ;
Mais tandis qu'en ta vitrine
Le personnage grandit,
Je retourne la machine,
Et vois la scène en petit ;
  Suis mon goût,
  Et vois tout
Par le petit, petit bout.

Lorsque tes yeux trop fidèles,
Sans fiction, sans lointain,
Découvrent jusqu'aux ficelles
Qui font mouvoir le pantin ;
Petit monde en miniature,
Prenant sans bruit ses ébats,
Pétillant dans sa parure,
Pour moi s'agite là-bas.
  Suis mon goût,
  Et vois tout
Par le petit, petit bout.

Ton regard va sur la face
D'un farceur qu'on applaudit
Chercher sa triste grimace,
Sous le fard qui l'enlaidit ;

Pour moi, joyeux et sans gêne,
Arlequin, à ses accents,
Semble éprouver sur la scène
Le plaisir que je ressens ;
    Suis mon goût,
    Et vois tout
Par le petit, petit bout.

Sur des traits que l'on admire
Dans un rôle de vingt ans,
Ton œil indiscret va lire
Tous les ravages du temps ;
Mais un jeu de mon optique,
Me changeant le cuivre en or,
M'y fait voir une Angélique,
Et je suis heureux encor.
    Suis mon goût,
    Et vois tout
Par le petit, petit bout.

Pour toi, princes et monarques,
Sous leurs manteaux de clinquant,
Portent encore les marques
Et les haillons du croquant ;
Me déguisant leurs visages,
Moi, dans ce lointain flatteur,

Je crois voir les personnages
Qu'ils rappellent à mon cœur ;
  Suis mon goût,
  Et vois tout
Par le petit, petit bout.

Moins frappé par le mensonge,
De la laideur moins heurté,
Dans les vapeurs d'un doux songe
Je rêve la vérité.
Pour t'égayer à la scène,
Prends l'instrument au rebours,
Pour voir dans la farce humaine
Honneur, beauté, vrais amours :
  Suis mon goût,
  Et vois tout
Par le petit, petit bout.

C'est aussi pourquoi je raille
Tant d'objets de ta terreur ;
Réduits à leur juste taille,
Je les juge à leur valeur.
Retourne la vieille glose,
Et dis avec un ancien :
Vu de près c'est quelque chose,
Et de plus loin ce n'est rien !

Suis mon goût,
Et vois tout
Par le petit, petit bout.

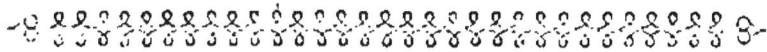

L'ANGE.

AIR : *Ah ! que de chagrins dans la vie !*

Un ange, à la terre fidèle,
Semeur aux bienfaisantes mains,
Jeta l'amitié fraternelle
Dans le cœur des premiers humains. (*Bis*).
Au bout d'un temps, redescendu des nues,
Près d'un tombeau l'ange se désola :
«Fleurs d'amitié, qu'êtes-vous devenues? |
    »Les voleurs ont passé par là. » | *Bis.*

Loin du terrain d'un premier crime,
Bientôt, pour un espoir plus doux,
Il sema l'amour, fleur intime,
Au cœur de deux chastes époux.
Au bout d'un temps, visitant cette terre,

Cherchant l'amour, l'ange se désola :
« Eh quoi, l'amour sourit à l'adultère !
» Les voleurs ont passé par là. »

Plus tard, pour sa terre chérie,
Semeur prodigue de son or,
Il jeta le mot de Patrie
Dans un peuple innocent encor.
Au bout d'un temps, parmi des cœurs avides
Cherchant en vain, l'ange se désola :
« De citoyens, quoi ! les cités sont vides !
» Les voleurs ont passé par là. »

Un jour, sur cette terre usée,
Rouvrant les cieux au repentir,
Il vint répandre la rosée
Du sang fécond d'un Dieu martyr ;
Au bout d'un temps, au nom de cet emblème
On opprimait... L'ange se désola :
« Eh quoi ! la guerre au nom de l'amour même !
» Les voleurs ont passé par là. »

Presque à la fin de sa carrière,
Pour dernier effort de bonté,
Parmi les flots de sa lumière,
Il jeta la Fraternité.

Au bout d'un temps, ce mot, signal de crimes,
Fut effacé... L'ange se désola :
« Ah ! c'en est fait des célestes maximes !
» Les voleurs ont passé par là. »

Enfin, las de semer la vie
Pour ne recueillir que la mort,
Voyant que de la fleur flétrie
Chez nous toute idée a le sort,
De peur déjà que la foudre n'éclate,
Au sein de Dieu l'ange se renvola :
« Fuyons, dit-il, de cette terre ingrate :
» Les flammes vont passer par là. »

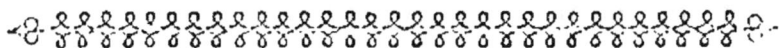

LE PASSÉ.

Air *des Scythes et des Amazones.*

Autour de nous quand tout chancelle,
Chacun pressentant le danger,
Rêve au fond de son escarcelle
Les douceurs d'un ciel étranger ;
Les yeux fixés sur un plus heureux âge,

Bravant les maux dont je suis menacé,
D'un avenir, où chacun craint l'orage,
Je me console en songeant au passé,
  En songeant, en songeant au passé !

    Choisissant ces temps de l'histoire
    Où la France honorait ses rois,
    Je reconstruis en ma mémoire
    Notre vieux pays d'autrefois.
Plus libre alors sous un grand patronage,
Par des héros heureux d'être éclipsé,
D'un avenir, où tout nom fait ombrage,
Je me console en songeant au passé,
  En songeant, en songeant au passé !

    Repeuplant Versaille et le Louvre
    De leurs dames, de leurs seigneurs,
    Sous la poussière qui les couvre
    J'aime à réveiller nos grandeurs !
Louis le Grand apparaît dans sa gloire,
Dans des rubis diamant enchâssé,
D'un avenir, qui dément sa mémoire,
Je me console en songeant au passé,
  En songeant, en songeant au passé !

    Remontant aux jours où la France
    Savait tout perdre fors l'honneur,

2

Sur les temps de la renaissance
Je fixe mes yeux et mon cœur !
Au front d'un roi, père de la patrie,
Je vois le myrte aux lauriers enlacé !
D'un avenir qu'enfume l'industrie
Je me console en songeant au passé,
  En songeant, en songeant au passé !

Las des troubles et de l'intrigue,
  Cherchant la fin de nos excès,
  Aux mains du vainqueur de la Ligue
  Je remets le sort des Français.
A ce seul nom tous les Français s'entendent :
Dans son grand cœur tout rang est effacé ;
D'un avenir où les partis s'attendent
Je me console en songeant au passé,
  En songeant, en songeant au passé !

Quand je sens s'indigner mon âme
  A des outrages trop récents,
  J'évoque en secret l'oriflamme
  De l'héroïne d'Orléans.
Soudain ma foi dans ce nom se réveille,
Le léopard expire terrassé ;
D'un avenir, où l'Anglais nous surveille,
Je me console en songeant au passé,
  En songeant, en songeant au passé !

Ainsi bercé par ce doux rêve,
Échappant aux flots inconstants,
Mon front attristé se relève
Au souvenir de nos vieux temps.
Puisque le Dieu qui protége la France
Dans sa bonté ne s'est jamais lassé,
Croyant qu'un jour il prendra sa défense,
Je me rassure en songeant au passé,
En songeant, en songeant au passé.

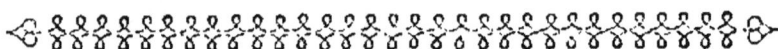

AUX GRACES ANTIQUES.

Air : *Garde à vous !* (DE LA FIANCÉE.)

Pour toujours,
Loin des cours,
Notre siècle barbare
Nous pousse et nous égare
Vers l'horizon lointain,
Incertain.   (*Bis.*)
O vous, Grâces décentes,
Aux formes enlaçantes,
En vous donnant la main,

Montrez-nous le chemin,
   Le chemin.   (*Ter.*)

    Nos palais
    A jamais,
Fermés à la puissance,
Des rois pleurent l'absence
Et l'éclat et le bruit,
    Qui les suit.
De ces belles demeures,
Où vous trompiez les heures,
Grâces, de votre main,
Rouvrez-nous le chemin,
    Le chemin.

    Vers l'azur,
    Ange pur,
La sainte poésie,
Au bruit de l'industrie,
Refermant son trésor,
    Prend l'essor.
Vous, Grâces, ses compagnes,
De nos tristes campagnes,
En lui donnant la main,
Rouvrez-lui le chemin,
    Le chemin.

Arlequin,
Le pasquin,
Fait merveille au théâtre,
Où la foule idolâtre,
De son rire hébété,
L'a fêté.
Mais qu'un geste ramène
La grave Melpomène,
Son masque dans la main :
Montrez-lui le chemin,
Le chemin.

Dans nos vers,
De travers,
Le sens et la mesure,
Trahis par la césure,
Trébuchent sur des mots
Visigoths.
Des bords où votre danse
Foule l'herbe en cadence,
En nous tendant la main,
Montrez-nous le chemin,
Le chemin.

Dans nos murs,
Plus obscurs,

La guerre se rallume ;
Clio tenant sa plume,
La trempe, en frémissant,
    Dans le sang.
Des lieux où d'un sourire
Vous calmez votre empire,
En nous donnant la main,
Montrez-nous le chemin,
    Le chemin.

    Loin des yeux
    Curieux
De nos foules serviles,
Loin des guerres civiles,
Loin des sots et des fous,
    Guidez-nous !
S'il est un coin du monde
Que votre aspect féconde,
Nous suivrons votre main.
Montrez-nous ce chemin,
    Ce chemin.

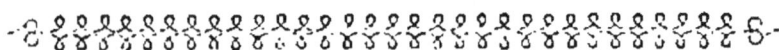

L'ENNUI.

Air : *C'est l'amour, l'amour...*

Qui ne connaît point ce fantôme,
Sombre précurseur du néant,
Qui courbe le front de tout homme
Savant ou sot, petit ou grand?
  Dans nos temps de ténèbres,
  Où la pâle raison,
  Sous des voiles funèbres,
  Cherche en vain l'horizon.
C'est l'ennui, l'ennui, l'ennui,
    Qui gagne
  Ville et campagne ;
C'est l'ennui, l'ennui, l'ennui,
  Qui nous suit jour et nuit.

Sur les ailes de la prière,
Loin d'un étroit et noir séjour,
L'âme chrétienne, ardente et fière,
Au ciel allait chercher le jour ;

Mais pour nous tout se voile
Sous des vapeurs de mort ;
Le ciel n'a plus d'étoile,
La mer n'a plus de port !
C'est l'ennui, l'ennui, l'ennui,
Qui gagne
Ville et campagne ;
C'est l'ennui, l'ennui, l'ennui,
Qui nous suit jour et nuit.

Sombre et creuse philosophie,
Sous ton rire impie et moqueur,
La source ardente de la vie
S'est tarie au fond de tout cœur.
Au bout de son domaine,
Que mesure un compas,
Avec toi, l'âme humaine
Vient heurter le trépas.
C'est l'ennui, l'ennui, l'ennui,
Qui gagne
Ville et campagne ;
C'est l'ennui, l'ennui, l'ennui,
Qui nous suit jour et nuit.

En vain, vieux monuments gothiques,
Vos flèches indiquent le ciel,

En vain vos cloches poétiques
Font entendre encor leur appel :
   L'hirondelle légère
   Seule connaît vos toits,
   Et la bonne grand'mère
   Est seule au pied des croix.
C'est l'ennui, l'ennui, l'ennui,
     Qui gagne
    Ville et campagne ;
C'est l'ennui, l'ennui, l'ennui,
   Qui nous suit jour et nuit.

Où sont ces temps de foi naïve
Où tout un peuple de croyants
Se prenait d'une haine active
Pour les Turcs et les mécréants ?
   Chez nous le chrétien fume
   Couché sur un divan,
   Et prend jusqu'au costume
   Des fils de Soliman.
C'est l'ennui, l'ennui, l'ennui,
     Qui gagne
    Ville et campagne ;
C'est l'ennui, l'ennui, l'ennui,
   Qui nous suit jour et nuit.

Déjà, dans les murs de nos villes
Las de s'étendre et de bâiller,
Chacun déserte les asiles
De la famille et du foyer.
    L'orgie, à la lumière,
    Arbore son fanal :
    Déjà l'année entière
    N'est plus qu'un carnaval.
C'est l'ennui, l'ennui, l'ennui,
        Qui gagne
    Ville et campagne ;
C'est l'ennui, l'ennui, l'ennui,
    Qui nous suit jour et nuit.

Chacun court et se précipite
D'un bout du monde à l'autre bout.
Pour nous y transporter plus vite,
Déjà la vapeur fume et bout.
    Aux confins de la terre
    Serai-je plus content ?
    Au bout de la carrière,
    Quel hôte nous attend ?
C'est l'ennui, l'ennui, l'ennui,
        Qui gagne
    Ville et campagne ;

C'est l'ennui, l'ennui, l'ennui,
Qui nous suit jour et nuit.

Sur cet amas de cendre éteinte
Déposé par tant de volcans,
Nos monuments portent sans crainte
Le lourd fardeau de leurs vieux ans :
    Mais, dans ces vastes salles,
    L'esprit du temps passé ,
    Grelottant sur leurs dalles
    Y gémit délaissé.
C'est l'ennui, l'ennui, l'ennui,
        Qui gagne
    Ville et campagne ;
C'est l'ennui, l'ennui, l'ennui,
    Qui nous suit jour et nuit.

Les vastes champs de notre histoire
N'offrent à l'œil indifférent
Qu'un cimetière où la mémoire
A chaque mort assigne un rang.
    Les écrits de nos pères,
    Des temps sacrés dépôts,
    Dans nos races légères
    N'éveillent plus d'échos.
C'est l'ennui, l'ennui, l'ennui,

Qui gagne
Ville et campagne ;
C'est l'ennui, l'ennui, l'ennui,
Qui nous suit jour et nuit.

Après tant d'excès pour la gloire,
Et tant de luttes pour l'honneur,
Des conquêtes de la victoire
Et des recherches du bonheur,
De la moisson féconde
D'un peuple tout entier,
Des trésors d'un vieux monde,
Le dernier héritier....
C'est l'ennui, l'ennui, l'ennui,
Qui gagne
Ville et campagne ;
C'est l'ennui, l'ennui, l'ennui,
Qui nous suit jour et nuit.

Vous donc qui redoutez le nombre
De nos rêveurs au front pâli,
Vous qui craignez cette humeur sombre
Où le peuple est enseveli,
De la fleur qui s'incline
Réveillez la vigueur !
Cherchez : à sa racine

Se cache un ver rongeur.
C'est l'ennui, l'ennui, l'ennui,
        Qui gagne
        Ville et campagne ;
C'est l'ennui, l'ennui, l'ennui,
    Qui nous suit jour et nuit.

Au sein de cette nuit profonde,
Où nos pieds heurtent le tombeau,
Des arts, enfants d'un meilleur monde,
Rallumez le divin flambeau.
    Fuyez la léthargie
    Et ce morne sommeil :
    Aujourd'hui l'atonie,
    Et demain le réveil !
C'est l'ennui, l'ennui, l'ennui,
        Qui gagne
        Ville et campagne ;
C'est l'ennui, l'ennui, l'ennui,
    Qui nous suit jour et nuit.

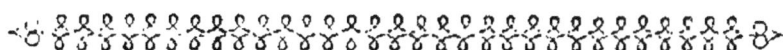

LA LIBERTÉ.

Air *de la Sentinelle.*

O Liberté! nom terrible et sacré,
Déesse au ciel, vaine ombre sur la terre,
Pour tes amants, ton fantôme adoré
Arme en nos murs la révolte et la guerre!
  Au seul aspect de la beauté,
  Le peuple s'éveille en délire.
  Fille du ciel, ô Liberté,   (*Bis.*)
  Que de larmes pour ton sourire,
    Pour ton sourire!

Idole aux yeux du Grec et du Romain,
Pour t'imposer à la terre tremblante,
Il t'incarna dans le marbre et l'airain,
D'un peuple altier divinité sanglante.
  Combien de sang a cimenté
  L'autel où ton marbre respire!
  Fille du ciel, ô Liberté,

Que de larmes pour ton sourire,
          Pour ton sourire !

Brutus, un jour, crut entrevoir tes traits,
Et, dans son cœur étouffant la nature,
Sur ton autel, pour prix de tes attraits,
Il te porta ses deux fils en pâture ;
      Aux yeux d'un siècle épouvanté,
      De ses mains Caton se déchire.
      Fille du ciel, ô Liberté,
      Que de larmes pour ton sourire,
          Pour ton sourire !

L'éclair lointain du fer que tu brandis,
Au bord des mers que le soleil ignore,
A réveillé des peuples engourdis ;
Vers l'Orient ils suivent ton aurore.
      Sur un empire dévasté
      Près du tyran l'esclave expire :
      Fille du ciel, ô Liberté,
      Que de larmes pour ton sourire,
          Pour ton sourire !

De Dieu, plus tard, violant les secrets,
Tu viens d'un moine entr'ouvrir la cellule :
Il suit ta voix, et les divins décrets

Changent de sens pour un peuple crédule.
   Dans l'Évangile, à la clarté,
   Le glaive en main, chacun veut lire :
   Fille du ciel, ô Liberté,
   Que de larmes pour ton sourire,
      Pour ton sourire !

Mais aujourd'hui, vierge de carrefour,
Tu viens sourire à la pâle indigence ;
Et la misère, ivre de ton amour,
De ses lambeaux arbore l'insolence.
   Sur les débris de la cité,
   A tes faveurs le peuple aspire :
   Fille du ciel, ô Liberté,
   Que de larmes pour ton sourire,
      Pour ton sourire !

Beauté fatale à tes adorateurs,
Ainsi ton nom n'a fait que des victimes ;
Toujours séduits par des appâts trompeurs,
Nul ne s'instruit au récit de nos crimes.
   Nos fils à la même beauté
   Se laisseront encor séduire :
   Fille du ciel, ô Liberté,
   Que de larmes pour ton sourire,
      Pour ton sourire !

AU DIEU DES BONNES GENS.

AIR du *Dieu des bonnes gens.*

O Béranger, philosophe en goguette,
Qui réduisis la morale en chansons,
Qui, pour bâtir une immense guinguette,
De nos palais dérobas les moellons :
Au fond du verre, où d'une lèvre avide
Tu bus jadis l'ivresse du bon sens,
Nous, tes enfants, nous cherchons dans le vide
    Ton dieu des bonnes gens.

Quand sur tes pas tout un peuple crédule,
Comme un veau d'or divinisant ses lois,
Sur les grands noms versait le ridicule,
Foulait aux pieds ses prêtres et ses rois :
Tu le guidais, philosophe intrépide,
Montrant de loin des cieux intelligents ;
Et maintenant nous cherchons dans le vide
    Ton dieu des bonnes gens.

3

Tu leur disais : « Vivez, mourez à table;
» Les bons vivants de Dieu sont les élus :
» Narguez la mort, et l'enfer, et le diable !
» Vous jeûnerez quand vous ne serez plus. »
Et maintenant sur cette terre aride,
Aux justes cris d'un peuple d'indigents,
Pour le nourrir, on cherche dans le vide
        Ton dieu des bonnes gens.

Que font à nous les volcans et les flammes,
Et les fléaux et les calamités ?
N'avons-nous pas le sourire des femmes,
Et les amours qui peuplent nos cités ?
Mais aujourd'hui c'est un spectre livide
Qui marque en rouge une fin à nos temps :
Pour l'écarter, montre-nous dans le vide
        Ton dieu des bonnes gens.

Enorgueilli par ses vertus faciles,
L'heureux bourgeois s'endormait sur son or,
Et redoublait la police des villes
Pour conserver et grossir son trésor;
Mais aujourd'hui le paysan avide,
Mal contenu par de pauvres sergents,
Lui répondra : Montre-moi dans le vide
        Ton dieu des bonnes gens.

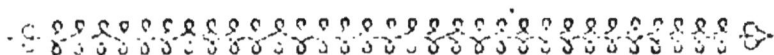

CONSEILS A GARO.

AIR : *Contentons-nous d'une simple bouteille.*

Te souvient-il de l'histoire des gourdes,
Et de ce gland qui tomba sur ton nez ?
Bon paysan, tes oreilles sont sourdes,
Tes bras sont courts, tes regards sont bornés ;
C'est humblement que Dieu veut qu'on l'adore,
Dans chaque objet Dieu mit une raison.
Garo, Garo, va ! ton nez saigne encore :
Garo, Garo, retourne à la maison !

Te souvient-il qu'une étrange parole,
Au bruit du fer vint proclamer tes droits ?
Tu t'éveillas dansant la Carmagnole
Sur les lambeaux de la pourpre des rois.
La nuit suivit cette sanglante aurore,
Et la terreur courut sur ta moisson !
Garo, Garo, va ! ton nez saigne encore ;
Garo, Garo, retourne à la maison.

Qu'ai-je entendu? quoi! Garo le crédule,
Mal corrigé, se fait républicain?
On le cajole, on l'encense, on l'adule
Du nom pompeux de peuple souverain.
Un âge d'or est pour lui près d'éclore,
Mais, va-t'en voir... tu connais la chanson.
Garo, Garo, va! ton nez saigne encore;
Garo, Garo, retourne à la maison.

Pour commencer, dit-on, cet heureux âge,
Chacun suivra ses goûts et ses penchants;
Là, tous les biens tomberont en partage:
Plus de voisins, plus de bornes aux champs.
Mais c'est pour toi la pilule qu'on dore:
Crois-moi, Garo, prends garde à ton sillon.
Garo, Garo, va! ton nez saigne encore;
Garo, Garo, va garder ta maison.

Souviens-toi donc de l'histoire des gourdes,
Et de ce gland qui tomba sur ton nez.
Tu le vois bien, tes oreilles sont sourdes,
Tes bras sont courts, tes regards sont bornés.
C'est humblement que Dieu veut qu'on l'adore;
Dans tout objet Dieu mit une raison.
Garo, Garo, va! ton nez saigne encore;
Garo, Garo, retourne à la maison.

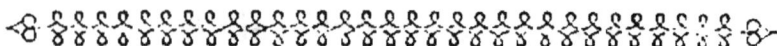

LES DRUIDES.

Air : *Faut d'la vertu, pas trop n'en faut.*

Dieu ! quel avenir consolant !
Nous allons tous manger du gland. } *Bis.*

Les Francs ont usurpé l'empire,
Les vrais Français sont les Gaulois ;
Un vieux prêtre déjà conspire
Pour rendre au vieux peuple ses droits.

Dieu ! quel avenir consolant !
Nous allons tous manger du gland.

Le feu roi mit en vain sa gloire
A couper court au vieux débat ;
Son coq, de gauloise mémoire,
A perdu la queue au combat.

Dieu ! quel avenir consolant !
Nous allons tous manger du gland.

Déjà, rattachant leur sandale,
Par la faim chassés des forêts,
Tous nos druides font cabale
Contre les bienfaits de Cérès.

Dieu! quel avenir consolant!
Nous allons tous manger du gland.

Nos lois, nos mœurs, notre costume,
Tout fait injure à leurs leçons;
Déjà leur bile se rallume
A l'aspect riant des moissons.

Dieu! quel avenir consolant!
Nous allons tous manger du gland.

Fils amollis de nobles pères,
Prenant les mœurs de nos vainqueurs,
On nous voit féconder des terres
Dont nous nous disons possesseurs!

Dieu! quel avenir consolant!
Nous allons tous manger du gland.

Race avilie et dégradée,
Mangeant notre pain sans pudeur,

Nous préférions à la glandée
Les mets d'un vil restaurateur !

Dieu ! quel avenir consolant !
Nous allons tous manger du gland.

Rasons nos clochers et nos villes,
Brisons nos chartes et nos croix !
Retournons aux premiers asiles,
Avec les loups, au fond des bois !

Dieu ! quel avenir consolant !
Nous allons tous manger du gland.

Soyons fiers de notre origine :
Couvrons la France de forêts ;
Cultivons la ronce et l'épine,
Au lieu du blé, dans nos guérets.

Dieu ! quel avenir consolant,
Nous allons tous manger du gland.

Libres enfin sous ces ombrages,
A l'instar de la vérité,
Chacun, bravant de sots usages,
Étalera sa nudité.

Dieu! quel avenir consolant!
Nous allons tous manger du gland.

Plantons, morbleu! plantons le chêne,
Pour arbre de la liberté,
Et propageons avec sa graine
La joie et la fécondité.

Dieu! quel avenir consolant!
Nous allons tous manger du gland.

Si certain animal en grogne,
Se croyant frustré dans ses goûts,
On peut l'admettre sans vergogne
A partager de tels ragoûts.

Dieu! quel avenir consolant!
Nous allons tous manger du gland.

ROUGE ET BLANC.

AIR des *Bossus*.

A-t-on trouvé la vraie égalité ?
Oui, je suis rouge et j'en fais vanité !
Mais dans nos murs tant qu'un peuple insolent
Voudra prouver qu'il m'aime en me volant :
Rassurez-vous, mes amis, je suis blanc.

A-t-on du puits tiré la vérité ?
Oui, je suis rouge, et j'en fais vanité !
Tant qu'un rhéteur mettra tout son talent
A professer le mensonge en parlant :
Rassurez-vous, mes amis, je suis blanc.

Peut-on sans peur donner la liberté ?
Oui, je suis rouge, et j'en fais vanité !
Tant qu'un forçat, en rupture de ban,
Voudra laver ses forfaits dans le sang :
Rassurez-vous, mes amis, je suis blanc.

Pouvons-nous croire à la fraternité?
Oui, je suis rouge, et j'en fais vanité!
Tant qu'à son frère un frère en son élan
Voudra prouver son zèle en l'étranglant:
Rassurez-vous, mes amis, je suis blanc.

A-t-on enfin trouvé la probité?
Oui, je suis rouge, et j'en fais vanité!
Tant qu'un banquier en fraudant son bilan,
Écrasera ses frères en croulant:
Rassurez-vous, mes amis, je suis blanc.

N'avons-nous plus besoin d'autorité?
Oui, je suis rouge, et j'en fais vanité!
Dans nos cités tant qu'un bourgeois tremblant
Trébuchera sur le pavé sanglant:
Rassurez-vous, mes amis, je suis blanc.

Doit-on voter avec sincérité?
Oui, je suis rouge, et j'en fais vanité!
Tant qu'un tribun, en poussant, en soufflant,
Entraînera l'électeur indolent,
Rassurez-vous, mes amis, je suis blanc.

SERRONS NOS RANGS!

Air : *Une fille est un oiseau.*

L'air d'une vieille chanson
Me revient à la mémoire ;
Pour une nouvelle histoire,
Je veux prendre même ton.
Un chansonnier, plein de grâce,
Dont je suis de loin la trace,
Du ciel bravait la menace
Et la foudre des tyrans :
Autre temps, autres maximes !
Pour nous défendre des crimes,
Serrons-nous, serrons nos rangs ! (*Bis.*)

Français, les cieux sont fermés,
Et l'enfer est à nos portes :
Déjà des noires cohortes
Les flambeaux sont rallumés !
Au sein même de nos villes.

Se glissent d'impurs reptiles,
Ils viennent dans nos asiles
Réveiller nos différends ;
Français, contre l'infortune
Faisons tous cause commune :
Serrons-nous, serrons nos rangs !

En face de nos dangers,
Ne perdons point la mémoire
De ces temps de notre histoire
Trop connus des étrangers :
Nos maisons encor criblées,
Nos villes démantelées,
Nos murailles écroulées,
Attestent des jours sanglants :
Dans nos faubourgs, qu'elle inonde,
Déjà la tempête gronde :
Serrons-nous, serrons nos rangs !

Les croyances et la loi,
Autour de nous tout chancelle ;
Et l'homme qui se rappelle
Se recule avec effroi.
Au livre des destinées,
Par de sinistres journées,
Chacun compte ses années,

Les vieillards et les enfants.
Pour clore ces jours néfastes,
Qui déshonorent nos fastes,
Serrons-nous, serrons nos rangs!

Chacun au fond de son cœur,
De son saint faisant la fête,
Pour un amour qu'il regrette
Ouvre la porte au voleur.
Même ennemi nous menace :
Enfants d'une même race,
Que chacun se fasse grâce!
L'honneur nous fait tous parents :
En face de l'anarchie,
Il n'est plus qu'un mot : Patrie!
Serrons-nous, serrons nos rangs!

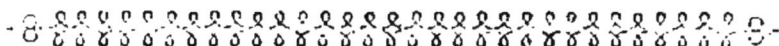

L'AVEUGLE.

AIR : *Muse des bois et des accords champêtres.*

Vous qui plaignez l'aveugle en sa misère,
En priant Dieu de conserver vos yeux ;
Vous qui croyez qu'en perdant la lumière
On a perdu tous les bienfaits des cieux :
Naguère encor sur la machine ronde,
Dans vos cités j'ai su guider mes pas ;
Assez longtemps j'ai vu ce pauvre monde :
Je suis aveugle, et je ne m'en plains pas. (*Bis.*)

A la lumière heureux et fiers d'éclore,
Insouciants de l'ombre qui vous suit,
Pauvres enfants, vous saluez l'aurore,
Croyant au jour, sans penser à la nuit.
Je sais où va cette humeur vagabonde ;
Déjà la mort surveille vos ébats ;
Assez longtemps j'ai vu ce pauvre monde :
Je suis aveugle, et je ne m'en plains pas !

Assez longtemps, pour les mêmes misères,
J'ai vu surgir les générations,
Et les enfants, sur la trace des pères,
Poursuivre encor mêmes illusions !
Pour la moisson la terre se féconde,
La vie en fleur enrichit le trépas ;
Assez longtemps j'ai vu ce pauvre monde :
Je suis aveugle, et je ne m'en plains pas !

Recommencez cette éternelle histoire,
Toujours ancienne, et nouvelle toujours ;
Attachez-vous aux ailes de la gloire,
Endormez-vous dans le sein des amours.
Autour de vous déjà la foudre gronde,
Tant de débris attestent ses éclats ;
Assez longtemps j'ai vu ce pauvre monde :
Je suis aveugle, et je ne m'en plains pas !

Eh ! que verrai-je encor sur cette terre ?
Tous les fléaux de notre humanité :
La Faim livide, et la pâle Misère,
Par la terreur forçant la Charité !
Dans nos cités, que l'Anarchie inonde,
Heureux qui peut ne point voir nos débats !
Assez longtemps j'ai vu ce pauvre monde :
Je suis aveugle, et je ne m'en plains pas !

J'ai vu tomber les plus illustres têtes,
Des souverains par leurs sujets trahis ;
Le riche atteint au milieu de ses fêtes,
Dans son malheur raillé de ses amis !
De détracteurs toute puissance abonde,
Trop de bonté ne fait que des ingrats ;
Assez longtemps j'ai vu ce pauvre monde :
Je suis aveugle, et je ne m'en plains pas !

J'ai vu jadis l'autel de la patrie
Se teindre un jour du sang pur de nos rois ;
Trois fois j'ai vu le peuple en sa furie
Fouler aux pieds l'idole de son choix.
Sur sa faveur, malheur à qui se fonde !
Son règne instable est la fin des États.
Assez longtemps j'ai vu ce pauvre monde :
Je suis aveugle, et je ne m'en plains pas !

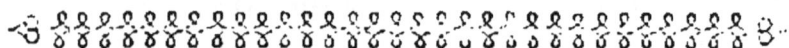

A CHAQUE JOUR SUFFIT SA PEINE.

Aix : *Donnez-vous la peine d'attendre.*

Voyageur de quatre mille ans,
Lassé même de l'espérance,
L'homme cheminait à pas lents
Entre la crainte et la souffrance ;
Assis au bord de son chemin,
Voyant de fiel sa coupe pleine,
Il dit : « C'est assez de chagrin
» Sans se troubler du lendemain !
» A chaque jour suffit sa peine. »

Ce mot doux et consolateur
Devint dès lors notre devise ;
L'apprenant avec le malheur,
Chacun le répète à sa guise :
L'écolier déjà soucieux,
Sous la férule qui le mène,

4

Chaque soir, essuyant ses yeux,
Brave encore un joug odieux :
A chaque jour suffit sa peine.

Plus tard, à l'éveil de son cœur,
Poussé par une aveugle ivresse,
Des griffes de son professeur
Il tombe aux mains d'une maîtresse.
L'esprit troublé, le cœur saignant,
Trahi par l'objet qui l'enchaîne,
A son malheur se résignant,
Il dit encore en l'étreignant :
« A chaque jour suffit sa peine ! »

Dans l'âge mûr, chagrin nouveau :
Sous les liens du mariage,
Il porte le pesant fardeau
De la famille et du ménage ;
D'enfants, qu'il travaille à nourrir,
Traînant partout la lourde gêne,
Si la mort à lui vient s'offrir,
Il dit : « Mieux vaut encor souffrir :
» A chaque jour suffit sa peine ! »

Enfin, se sentant affaiblir,
N'ayant plus que la mort à craindre,

Et de ses jours voyant pâlir
Le flambeau tout prêt à s'éteindre,
A ses enfants indifférent,
En face d'une fin prochaine,
Infirme, goutteux et souffrant,
Il dit encor, se rassurant :
« A chaque jour suffit sa peine! »

Un peuple usé par ses excès,
Moribond sur sa couche ardente,
Déjà pour de nouveaux essais
S'agite encore et se tourmente.
Vers un avenir incertain
Le temps rapide nous entraîne ;
Fermons les yeux sur le destin,
Disant encor jusqu'à demain :
« A chaque jour suffit sa peine! »

LE NAVIRE.

Air de *Ma république* (de BÉRANGER).

O navire de la patrie,
Qui nous contient tous passagers,
Sur cet océan de la vie
Combien d'écueils et de dangers!
L'onde et le ciel semblent sourire,
Mais la tempête est sous les eaux.
Sur l'Océan vogue, pauvre navire,
Au gré des vents, en effleurant les flots. } *Bis.*

De vieux plongeurs d'expérience,
Dans un audacieux élan,
Sous la cloche de la science
Ont sondé ce sombre Océan.
Ce qu'ils ont vu : — qui peut le dire?
Mais ils criaient aux matelots :
Sur l'Océan vogue, pauvre navire,
Au gré des vents, en effleurant les flots!

D'effroi leurs bouches sont muettes ;
Mais, si j'en juge à leur pâleur,
Que de monstres, que de squelettes,
Au fond de ces gouffres d'horreur !
L'onde qu'agite le zéphire
Déroule ses riants tableaux :
Sur l'Océan vogue, pauvre navire,
Au gré des vents, en effleurant les flots !

Parfois ces monstrueux reptiles,
Dans leur hideux accouplement,
Du fond de leurs sombres asiles
Font trembler l'humide élément.
Mais déjà le matin inspire
Aux passagers des chants nouveaux ·
Sur l'Océan vogue, pauvre navire,
Au gré des vents, en effleurant les flots !

De ces antres, de ces abîmes,
Leurs bras s'étendent sur les mers.
Les humains, comptant leurs victimes,
Mêlent leurs pleurs aux flots amers.
Mais l'épouvante se retire,
La mer rentre dans son repos.
Sur l'Océan vogue, pauvre navire,
Au gré des vents, en effleurant les flots !

Combien de brillantes conquêtes,
Combien d'espoirs des nations,
Dévorés aux jours des tempêtes,
Jonchent ces ténébreux sillons !
Plus d'un, que cet appât attire,
Des morts va grossir les monceaux :
Sur l'Océan vogue, pauvre navire,
Au gré des vents, en effleurant les flots !

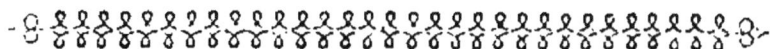

UNE CONVERSION.

AIR : *Le fleuve d'oubli* ou *On s'en fiche*
(de BÉRANGER).

J'étais *rouge*, en cachette :
Je sais que ma couleur
Fait horreur.
Mais enfin je rejette
Ce vêtement d'effroi
Loin de moi ;
Et fi de cette sottise !
Et pour tourner au blanc

En parlant,
Je me grise!   (*Ter.*)

Du fond d'un puits d'eau vive
Tirant la vérité
Sans gaîté,
Triste et pâle convive,
Je quittais mon couvert
Au dessert;
Mais fi de cette sottise!
Et pour tourner au blanc
En parlant,
Je me grise!   (*Ter.*)

Prenant tout à la lettre,
Je jeûnais sur l'avis
Des amis;
Mais j'en vois se permettre
De toucher au bon vin
Du voisin;
Et fi de cette sottise!
Et pour tourner au blanc
En parlant,
Je me grise!   (*Ter.*)

Faisant l'apologie
De nos frères défunts,

Les tribuns,
J'approuvais l'énergie,
Trouvant le seul Danton
Trop glouton ;
Et fi de cette sottise !
Et pour tourner au blanc
En parlant,
Je me grise !

D'un Robespierre en herbe
J'affectais le maintien
Peu chrétien ;
Plus sec et plus acerbe,
Je me laissais maigrir
A plaisir ;
Et fi de cette sottise !
Et pour tourner au blanc
En parlant,
Je me grise !

Un jour pour ma doctrine,
Prêchant dans un banquet
Fort secret,
Je fis à ma voisine
Connaître un peu mon but
Qui déplut ;

Et fi de cette sottise !
Et pour tourner au blanc
    En parlant,
    Je me grise !

De réformer le monde
Je quitte le dessein
    Assassin ;
Comme vous à la ronde
Je veux dire après coup :
    Foin du loup !
Fi de ma vieille sottise !
Et pour tourner au blanc
    En parlant,
    Je me grise !

Vive le vieux système !
Je veux vivre au comptant
    Trop content,
Attendant le carême,
Fêtons sans embarras
    Mardi-gras.
Fi de ma vieille sottise !
Et pour tourner au blanc
    En parlant,
    Je me grise !

Des biens que Dieu nous donne,
Gardons de faire fi,
    Mon ami;
Puisque le ciel pardonne
A qui sans abuser
    Sait user;
Fi de ma vieille sottise !
  Et pour tourner au blanc
        En parlant,
        Je me grise !

On craint que tout en France
Ne tourne à la couleur
    De malheur :
Moi, j'ai bonne espérance,
Je vois trop de gens gris
    Bien appris ;
Fi donc de cette sottise !
  Et pour tourner au blanc
        En parlant,
  Qu'on se grise !   (*Ter.*)

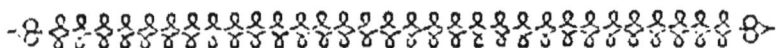

LE CARILLON.

Air du *Carillonneur* (de BÉRANGER).

Dieu! quel bruit de cancans, de sornettes!
Carillon de tous nos mirmidons :
On a fait des milliers de clochettes
De l'airain de tous nos gros bourdons.
Digue, digue, dig, din, dig, din, don.
  Chacun sonne,
  Sonne et carillonne,
Digue, digue, dig, din, dig, din, don.
Chacun fait son petit carillon.

Le salon, la ferme, la boutique,
Sont autant de clochers mitoyens,
Où chacun, pour son dieu domestique,
Appelle en sonnant des paroissiens.
Digue, digue, dig, din, dig, din, don.
  Chacun sonne,
  Sonne et carillonne,

Digue, digue, dig, din, dig, din, don.
Chacun fait son petit carillon.

Chacun a son missel dans sa poche,
Sa formule et son petit crédo,
Chacun prend sa sonnette pour cloche,
Et souvent son valet pour bedeau.
Digue, digue, dig, din, dig, din, don.
Chacun sonne,
Sonne et carillonne,
Digue, digue, dig, din, dig, din, don.
Chacun fait son petit carillon.

Sanctuaire heureux de la famille,
Tabernacle entre deux chandeliers,
Sainte table et mystique coquille :
C'est le culte de tous nos rentiers.
Digue, digue, dig, din, dig, din, don
Chacun sonne,
Sonne et carillonne,
Digue, digue, dig, din, dig, din, don.
Chacun fait son petit carillon.

Tout bourgeois devient un petit prince,
Gouverneur d'un tout petit État,
Infaillible au fond de sa province,

Plus qu'un pape et plus fier qu'un prélat.
Digue, digue, dig, din, dig, din, don.
        Chacun sonne,
    Sonne et carillonne,
Digue, Digue, dig, din, dig, din, don.
Chacun fait son petit carillon.

A cheval sur sa borne de pierre,
Gouvernant l'empire de ses choux,
Comme un roi, le gros propriétaire
Compte aussi des flatteurs, des jaloux.
Digue, digue, dig, din, dig, din, don.
        Chacun sonne,
    Sonne et carillonne,
Digue, digue, dig, din, dig, din, don.
Chacun fait son petit carillon.

Diplomate en lisant sa gazette,
Astronome avec son almanach,
S'agit-il de prévoir la disette :
Il consulte alors son estomac.
Digue, digue, dig, din, dig, din, don.
        Chacun sonne,
    Sonne et carillonne,
Digue, digue, dig, din, dig, din, don
Chacun fait son petit carillon.

Son salon est son petit Versaille
Ne s'ouvrant qu'à certains jours marqués;
Ces jours-là, le bourgeois fait ripaille,
Et rallume à grands frais ses quinquets.
Digue, digue, dig, din, dig, din, don,
      Chacun sonne,
     Sonne et carillonne,
Digue, digue, dig, din, dig, din, don.
Chacun fait son petit carillon.

Sous son lustre, on danse, on se trémousse,
Aux accords d'un chétif instrument;
On se presse, on se heurte, on se pousse,
On s'étouffe, et chacun sort content.
Digue, digue, dig, din, dig, din, don.
      Chacun sonne,
     Sonne et carillonne,
Digue, digue, dig, din, dig, din, don.
Chacun fait son petit carillon.

Le bourgeois se lance dans la brigue,
Il rêve l'habit de candidat;
Il s'essouffle, il s'échauffe, il intrigue....
Place! place! il est homme d'État!
Digue, digue, dig, din, dig, din, don.
      Chacun sonne,

Sonne et carillonne,
Digue, digue, dig, din, dig, din, don.
Chacun fait son petit carillon.

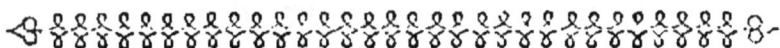

LES NEO-CATHOLIQUES.

Air du vaudeville de *l'Apothicaire*.

Néo-catholiques discrets,
Nouveaux abbés de la Régence,
Qui cachez sous des airs coquets
Les rigueurs de la pénitence :
Vous semblez porter sans efforts
Le joug de la règle divine :
Pour macérer mon pauvre corps, ⎱ *Bis.*
Prêtez-moi votre discipline. ⎰

Nouveaux ermites de salons,
De maintien jaloux et rigide,
Au milieu de nos tourbillons
Vous rencontrez la Thébaïde ;

Votre cœur craintif et décent,
Au son des polkas s'examine :
Parfois je m'oublie en dansant :
Prêtez-moi votre discipline.

Edifiant de vos respects
Toutes les dames de la ville,
Devant un plateau de sorbets
Vous observez jeûne et vigile !
Vous rompez ce jeûne, en secret,
Pour des mets cachés sous l'hermine :
Mon œil aussi fut indiscret :
Prêtez-moi votre discipline.

A l'église, vos doigts gantés
Avec art offrent l'eau bénite ;
Sur les minois les plus vantés
Vous suivez votre messe écrite ;
Vous récitez le chapelet
Sur des colliers de perle fine :
Votre dévotion me plaît :
Prêtez-moi votre discipline.

Dans la chaire de vérité,
Un prédicateur politique,
Au moyen de la Trinité,
Nous définit la République.

Quand parfois je ne comprends plus,
Malgré moi ma tête s'incline...
Pour réveiller mes sens perclus,
Prêtez-moi votre discipline.

Vrais modèles des prétendants,
Idoles de nos douairières,
Vous commencez par les mamans
La conquête des héritières.
Heureux qui sait, en pareil cas,
Composer saintement sa mine !
Pour sortir un peu d'embarras,
Prêtez-moi votre discipline.

Dans nos siècles d'impiété,
Tout devient une loterie !
Mais en vous, pour l'autorité,
La ferveur sert de garantie.
On confierait à votre main
Jusqu'à des emplois... qu'on devine !
Pour que je fasse mon chemin,
Prêtez-moi votre discipline.

Est-ce pour vous que fut écrit
Ce mot de clémence et de grâce :
Bienheureux les pauvres d'esprit.

Car ils verront Dieu face à face?
Chéris des dames et de Dieu,
Vous irez au ciel... j'imagine...
Pour que je vous suive en ce lieu,
Prêtez-moi votre discipline.

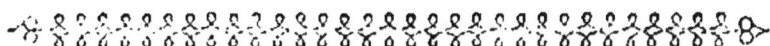

LA PHILANTHROPIE ET LA CHARITÉ.

Air de *Ma République* de BÉRANGER.

Dans nos temps de néologisme,
Où tout se passe en entretiens,
On a fait un christianisme
Pour ceux qui ne sont pas chrétiens.
On fraternise en théorie
En trinquant à l'égalité :
Un peu moins de philanthropie,
Amis, et plus de charité.

Chacun se fait un évangile,
Praticable au coin de son feu;

Sa morale large et facile
Satisfait l'âme et coûte peu ;
On se sauve, on se sanctifie
En parlant pour l'humanité.
Un peu moins de philanthropie,
Amis, et plus de charité.

Dans ce cœur rempli de ses frères,
Plus de place pour le voisin.
Dans ces yeux pleins de nos misères,
Plus de larmes pour le prochain.
Qu'importe à sa philosophie
L'homme qui tombe à son côté ?
Un peu moins de philanthropie,
Amis, et plus de charité.

Il est si doux dans l'abondance,
Attendri par quelque vieux vin,
De discourir sur l'indigence
Des pauvres gens qui sont sans pain !
Au fond d'un verre d'ambroisie
On va puiser la vérité.
Un peu moins de philanthropie,
Amis, et plus de charité.

Le philanthrope tient église
A table, à l'abri des sergents ;

On chante. on rit, même on se grise
En faveur de nos indigents.
Au son d'une tendre harmonie
Il rêve à la Divinité.
Un peu moins de philanthropie,
Amis, et plus de charité.

Sur les nègres de l'Amérique
Il s'apitoie en bon chrétien,
Mais il confond son domestique
Avec son cheval et son chien.
Ennemi de la tyrannie,
Tyran dans son intimité :
Un peu moins de philanthropie,
Amis, et plus de charité.

Descendant de sa noble cime
Pour catéchiser nos quartiers,
Il pratique alors la maxime :
« *Les premiers seront les derniers.* »
Dans les dangers de la patrie,
Il se voue à l'obscurité.
Un peu moins de philanthropie,
Amis, et plus de charité.

Religion de la nature,
Digne fille du grand Rousseau,

Tu devais donner la pâture
Jusqu'au plus obscur vermisseau :
Le pauvre à ta porte mendie :
Mourra-t-il sans être écouté?
Un peu moins de philanthropie,
Amis, et plus de charité.

A MA VOISINE.

Air : *Je vais bientôt quitter l'empire.*

Quoi! vous vous étonnez, voisine,
Qu'on ne dorme plus dans nos temps ;
Pour vous dire un mot de doctrine,
C'est qu'en France il n'est plus d'enfants.
Déjà, sous l'arbre de science,
Le gros Garo s'éveille et dit :
A quoi pensait la Providence?
Peut-on dormir quand on a tant d'esprit?

Certaine lueur indiscrète
Tient nos moucherons en éveil ;

Chacun, au fond de sa retraite,
A cru voir briller un soleil.
Je vois autour de la chandelle
Plus d'un moucheron qui s'y prit.
Chacun est trop fier de son aile :
Peut-on dormir quand on a tant d'esprit ?

Chacun, dans sa petite sphère,
S'érige en olympe nouveau ;
Petit Jupin sur cette terre,
Couvant Pallas dans son cerveau.
Ces petits dieux, sur certains trônes,
Exercent leur petit sourcil
A faire trembler nos couronnes :
Peut-on dormir quand on a tant d'esprit ?

Plus loin un tout petit Moïse
Se dresse sur son Sinaï,
Proclamant la charte promise
Au bruit des bouchons de l'Aï ;
Nous dispensant pluie et rosée
Et la manne qui nous nourrit ;
Il nous bénit de sa croisée :
Peut-on dormir quand on a tant d'esprit ?

Un philosophe qu'on adresse
Ailleurs qu'à la maison des fous

Nous enseigne à suivre la messe
Dans les livres des dieux indous.
Le verbe et la métempsycose
Font bon ménage en Jésus-Christ ;
Il s'agit de bien voir la chose :
Peut-on dormir quand on a tant d'esprit?

Entouré de sa clientèle ,
Un philosophe de divan ,
De son estaminet fidèle
Se fait un petit vatican.
Pour asperger ceux de sa suite
Et la foule qui lui sourit ,
Le Pomard lui sert d'eau bénite :
Peut-on dormir quand on a tant d'esprit?

Quoi ! vous vous étonnez qu'on veille?
Apprenez-le secrètement ,
Chacun de nous déjà surveille
L'essor de son prolongement.
A cette nouvelle machine
En secret plus d'un a souscrit.
Eh bien ! qu'en dites-vous , voisine?
Peut-on dormir quand on a tant d'esprit?

LA PLUS BELLE FILLE DU MONDE

NE PEUT DONNER QUE CE QU'ELLE A.

Air des *Billets d'enterrement.*

Dans nos temps que de gens prodigues !
Prodigues surtout de grands mots.
Au peuple, au lieu de ses fatigues,
On promet argent et repos.
  Qu'un autre à ces gens réponde :
  Je n'ai qu'un mot pour cela :
La plus belle fille du monde
Ne peut donner que ce qu'elle a !

Des gens enflammés d'un beau zèle,
Bien engraissés et bien repus,
Veulent propager l'étincelle
Des lumières et des vertus.
  Au fond que chacun se sonde,
  Et peut-être il se dira :
La plus belle fille du monde
Ne peut donner que ce qu'elle a !

Un tribun prêche pour ses frères
L'abstinence et la charité.
Je le connais, et ne vois guères
Qu'il jeûne pour l'humanité.
  Sa phrase est sonore et ronde ;
  Pris au mot, il répondra :
La plus belle fille du monde
Ne peut donner que ce qu'elle a !

Philanthropes, race subtile,
Refondant le calendrier,
Vous nous commentez l'Évangile
Avec les textes de Fourier.
  De grands saints l'Église abonde ;
  Mais j'ignorais celui-là.
La plus belle fille du monde
Ne peut donner que ce qu'elle a !

Sans trop contester leurs ressources,
Pour satisfaire le prochain,
Je sais qu'au défaut de leurs bourses
Ces messieurs prendraient au voisin.
  Moi, sans crainte qu'on me tonde,
  Je saurai dire : Halte là !
La plus belle fille du monde
Ne peut donner que ce qu'elle a !

Amis, la charité l'ordonne :
Que chacun y mette du sien ;
Mais laissons à qui fait l'aumône
Le mérite d'être chrétien.
　La France est riche et féconde,
　Mais, s'en plaigne qui voudra,
La plus belle fille du monde
Ne peut donner que ce qu'elle a !

COUPONS !

Air : *Monsieur l'abbé, où allez-vous ?*

J'entends un renard écourté
Qui nous dit avec gravité :
　Un poids nous embarrasse :
　　　Coupons !
　— Mais tournez-vous, de grâce,
　Et nous vous répondrons !

Pourquoi ces orgueilleux blasons,
Et ces titres et ces grands noms ?

Ici-bas, qu'une race :
    Coupons !
— Mais tournez-vous, de grâce,
Et nous vous répondrons.

Que faites-vous du capital ?
Vous réduisez à l'hôpital
    Tout un peuple en disgrâce ;
        Coupons !
    — Mais tournez-vous, de grâce,
    Et nous vous répondrons.

De l'éclat d'un luxe insolent
Vous éclaboussez l'indigent,
    Le reste est dans la crasse :
        Coupons !
    — Mais tournez-vous, de grâce,
    Et nous vous répondrons.

Vous engraissez de nos deniers
Des romanciers et des banquiers,
    Écrivains, gens en place :
        Coupons !
    — Mais tournez-vous, de grâce,
    Et nous vous répondrons.

Quoi ! vous prostituez nos croix
Sur la poitrine des bourgeois,
   Et le héros s'en passe !
     Coupons !
   — Mais tournez-vous, de grâce,
Et nous vous répondrons.

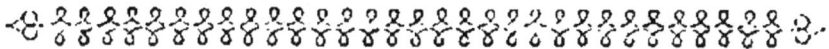

Coupons court aux futilités
De nos palais, de nos cités ;
   Aisément on s'en passe !
     Coupons !
   — Mais tournez-vous, de grâce,
Et nous vous répondrons.

L'EVANGILE FOURIÉRISTE.

AIR : *Le cœur à la danse.*
Ou : *Les missionnaires* de BÉRANGER.

Le diable, hier, changeant d'humeur
  S'aspergea d'eau bénite :
Voltaire n'est plus en honneur,
  Je veux me faire ermite.

Un évangile à la main,
   Réformons le genre humain.
   Prouvons aux formalistes,
Prouvons, morbleu! qu'il est écrit :
   Que les Fouriéristes
   Sont fils de Jésus-Christ.

Mon fils Robespierre, un beau jour,
   Fêta l'Être suprême ;
Sur la tête, au nom de l'amour,
   Il donnait son baptême.
   Mais sa bénédiction
   Manquait un peu d'onction.
   Prouvons aux formalistes,
Prouvons, morbleu! qu'il est écrit :
   Que les Fouriéristes
   Sont fils de Jésus-Christ.

Nos frères de Ménilmontant
   Nous ont montré la route :
Au nom de la femme, en chantant,
   Ils grignotaient la croûte.
   Allons jusqu'en Orient,
   Gesticulant et priant :
   Prouvons aux formalistes,
Prouvons, morbleu! qu'il est écrit :

Que les Fouriéristes
Sont fils de Jésus-Christ.

Cachons les griffes de nos piés
    Sous une robe noire ;
Une fois béatifiés
    Nous nous ferons mieux croire.
  Au nom de la charité,
  Biffons la propriété !
    Prouvons aux formalistes,
Prouvons, morbleu ! qu'il est écrit :
    Que les Fouriéristes
    Sont fils de Jésus-Christ.

Nos dogmes sont écrits au long
    Dans les livres des pères :
Saint Cyprien et Fénelon
    Ne parlent que de frères.
  Comme les premiers chrétiens,
  Mettons en commun nos biens !
    Prouvons aux formalistes,
Prouvons, morbleu ! qu'il est écrit :
    Que les Fouriéristes
    Sont fils de Jésus-Christ.

Les riches sont maudits de Dieu,
    Nous a dit l'Évangile ;

Coupons, morbleu! jetons au feu
   Toute plante stérile!
 Pour les pauvres fainéants,
 Frères, fondons des couvents !
   Prouvons aux formalistes,
Prouvons, morbleu! qu'il est écrit :
   Que les Fouriéristes
   Sont fils de Jésus-Christ.

Frères, le royaume du ciel
   Doit s'accomplir sur terre ;
Cherchons le bonheur éternel
   Au fond d'un phalanstère.
 Attendant l'avénement
 De notre prolongement !
   Prouvons aux formalistes,
Prouvons, morbleu! qu'il est écrit :
   Que les Fouriéristes
   Sont fils de Jésus-Christ.

Mes frères, vous nous connaissez :
   Sans bien, sans patrimoine ;
Nous sommes désintéressés,
   Comme feu saint Antoine.
 De vous, nous ne voulons rien,
 Mes frères, que votre bien.

Prouvons aux formalistes,
Prouvons, morbleu! qu'il est écrit :
Que les Fouriéristes
Sont fils de Jésus-Christ.

PAR-DERRIÈRE ET PAR-DEVANT.

Air de *Jean de Paris* de Béranger.
Ou : *Cette chaumière-là vaut un palais.*

Philosophe par-devant
N'est que Gros-Jean par-derrière ;
Vieux routier dans la matière,
Sur le cas je suis savant !
Sur le cas, sur le cas je suis savant ! (*Bis.*)

Combien de sauts et de gambades
On a fait hors du vieux sentier !
Que de cris, que de regimbades,
Contre l'aiguillon meurtrier !
Démarche libre et fière,
Grands airs, noble maintien,

Dédain de la matière :
Le diable n'y perd rien !
Philosophe par-devant
N'est que Gros-Jean par-derrière ;
Vieux routier dans la matière,
Sur le cas je suis savant !
Sur le cas, sur le cas je suis savant !

Sous le manteau du philosophe
L'on brave les sots et les fous ;
Mais à cette orgueilleuse étoffe
L'aiguillon a fait bien des trous ;
Sur les ailes de l'âme,
C'est un dieu triomphant :
Le soir près de sa femme
Ce n'est plus qu'un enfant.
Philosophe par-devant
N'est que Gros-Jean par-derrière ;
Vieux routier dans la matière,
Sur le cas je suis savant !
Sur le cas, sur le cas je suis savant !

On a bâti bien des systèmes,
Vains édifices de l'esprit :
Deux sages sont aux deux extrêmes.
L'un qui pleure et l'autre qui rit.

6

Mais l'un, cessant de rire
Et l'autre, de pleurer,
Sous un commun empire
Ont pu se rencontrer.
Philosophe par-devant
N'est que Gros-Jean par-derrière ;
Vieux routier dans la matière,
Sur le cas je suis savant !
Sur le cas, sur le cas je suis savant !

Pour courir chez son Aspasie,
Plus d'un philosophe barbon
Aux portes de l'Académie
Laisse sa barbe et son bâton.
　　Moins sage et moins maussade,
　　Socrate en son logis,
　　Auprès d'Alcibiade,
　　Se déguise en Thyrsis.
Philosophe par-devant
N'est que Gros-Jean par-derrière ;
Vieux routier dans la matière,
Sur le cas je suis savant !
Sur le cas, sur le cas je suis savant !

Un juge caché sous l'hermine
Se pose en nouveau Salomon ;

Le Vice fuit devant sa mine
Et les splendeurs de sa raison ;
   Mais une main vermeille
   Vient d'un doigt acéré
   Pincer le bout d'oreille
   De ce baudet fourré.
  Philosophe par-devant
  N'est que Gros-Jean par-derrière ;
  Vieux routier dans la matière,
  Sur le cas je suis savant !
Sur le cas, sur le cas je suis savant !

O vieux philosophe cynique,
Même aux rois donnant des leçons,
Tu riais dans ta barbe antique
De nos airs et de nos façons :
   Chacun à certaine heure,
   Diogène nouveau,
   Cherche dans sa demeure
   L'ombre de son tonneau.
  Philosophe par-devant
  N'est que Gros-Jean par-derrière ;
  Vieux routier dans la matière,
  Sur le cas je suis savant !
Sur le cas, sur le cas je suis savant !

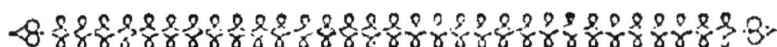

LE DIABLE DOIT BIEN RIRE.

AIR : *Un chanoine de l'Auxerrois.*

On s'est battu dans tous les temps,
Chrétiens, païens ou protestants,
   Pour la mitre ou l'empire ;
Mais notre siècle est en progrès :
On se bat pour les vains projets
   De rêveurs en délire !
Vieux enfants de quatre mille ans,
Voulant prendre la lune aux dents :
     Vraiment là-bas,
    S'il voit nos débats,
    Le diable doit bien rire !

Les priviléges, les grands noms,
Les vieux titres, les vieux blasons,
   Tombent sous la satire.
De nos grands rognant le manteau,
La roture met son niveau

Sur tout ce qui veut luire ;
Le Talent fait injure à l'Or,
Et des sots nargue en paix l'essor :
　Vraiment là-bas,
　S'il voit nos débats,
　Le diable doit bien rire !

Semant son grain sur les débris
De nos vieux donjons démolis,
　Le paysan respire ;
En paix, près des bûchers éteints,
Juifs, protestants, Turcs ou chrétiens,
　Abdiquent leur vieille ire.
Chacun à son gré peut rimer,
Prier, publier, imprimer :
　Vraiment là-bas,
　S'il voit nos débats,
　Le diable doit bien rire !

L'industrie, ouvrant les chemins,
Dans nos murs vient unir les mains
　Des peuples qu'elle attire.
Pourquoi faut-il qu'armant la paix,
Le Français, hostile au Français,
　Le surveille et conspire !
Nos frontières, nos ports sont sûrs,

La guerre est toute dans nos murs !
   Vraiment là-bas,
    S'il voit nos débats,
   Le diable doit bien rire !

A la Raison donnant l'essor,
La Paix semble irriter encor
   La fureur de détruire
Au défaut des grands et des rois.
Le riche attaqué dans ses droits
   Devient un point de mire.
Plus de Turc ni de Sarrasin :
Notre ennemi, c'est le voisin !
    Vraiment là-bas,
    S'il voit nos débats,
   Le diable doit bien rire !

Un sphinx est aux bornes des champs :
Lançant des mots à double sens,
   Il cherche à nous séduire :
Mais en secret ses yeux ardents
Ont brillé tout près de ses dents :
   Nous savons qu'il déchire.
Je connais cette énigme-là :
Satan lui-même s'en mêla !
    Vraiment là-bas,

       S'il voit nos débats,
   Le diable doit bien rire !

Sous un climat heureux et doux,
Quand le ciel a tout fait pour nous,
   Rien ne peut nous suffire :
Nous nous en prenons au prochain
De la misère et de la faim
   Que nul ne peut détruire.
Non moins heureux mais plus ingrats,
On veut toujours ce qu'on n'a pas.
      Vraiment là-bas,
      S'il voit nos débats,
   Le diable doit bien rire !

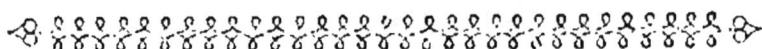

LES OISEAUX.

AIR : *Faut l'oublier, disait Colette.*

Pauvres oiseaux, que la tempête
Rendait muets au fond des bois,
Éveillez-vous : que votre voix
Annonce encore un jour de fête.

Maltraités par l'aile du temps,
Vous n'osez plus, sous vos ombrages,
Nous prédire encore un printemps.
Chantres ailés des doux présages,
Joyeux messagers des amours,
Le ciel brille entre deux orages :
Faites-nous croire à d'heureux jours.

Que votre voix enchanteresse
Éveille encor nos vieux échos.
La foudre, un moment en repos,
Semble épargner notre allégresse ;
Déjà sur l'horizon lointain
Planent de sinistres nuages !
Le soir d'un jour touche au matin :
La mer baigne en paix ses rivages ;
Mais des flots je crains les retours !
Le ciel brille entre deux orages :
Faites-nous croire à d'heureux jours.

Des Amours la troupe ingénue,
Qu'une ombre effarouche en ses jeux,
Aux éclats d'un ciel orageux
S'enfuit tremblante et demi-nue.
Ailés et craintifs comme vous,
Ils vont sur des bords moins sauvages

Chercher des asiles plus doux.
Ramenez-nous ces dieux volages,
Charmez pour eux des temps si courts ;
Le ciel brille entre deux orages :
Faites-nous croire à d'heureux jours

Les temples des bois solitaires,
Confidents discrets des amants,
Ont entendu d'affreux serments
Et recélé de noirs mystères.
Cherchant l'ombre pour ses complots,
Le crime a souillé vos bocages,
Dernier asile du repos.
Des humains bravez les outrages,
Pour vous le soleil suit son cours.
Le ciel brille entre deux orages :
Faites-nous croire à d'heureux jours.

Pour nous, les saisons les plus belles
Ramènent de nouveaux malheurs.
Pour échapper à nos douleurs,
Combien nous envions vos ailes !
Enchaînés au pied d'un volcan,
Pour vous suivre aux lointaines plages,
Nos cœurs franchissent l'Océan.
Parfois, après vos longs voyages,

Visitez nos obscurs séjours ;
Le ciel brille entre deux orages ;
Faites-nous croire à d'heureux jours.

Des voix menteuses et perfides
Tant de fois ont flatté nos vœux !
Plus égarés et moins heureux,
Nous n'osons plus suivre nos guides.
Heureux par le seul souvenir,
Troublés par de sombres images,
Nous n'osons prévoir l'avenir.
Chantez comme à nos premiers âges,
Du passé parlez-nous toujours ;
Le ciel brille entre deux orages :
Faites-nous croire à de beaux jours.

Rappelez-nous ces temps prospères
Où vous veniez redire aux fils,
Sous les mêmes arbres assis,
Les chants dont vous charmiez leurs pères !
A ces voix qui nous ont bercés,
La loi, les mœurs, les vieux usages,
Viendront avec les temps passés ;
Puissiez-vous à vos doux langages
Ne point nous trouver déjà sourds !
Le ciel brille entre deux orages :
Rappelez-nous à nos beaux jours.

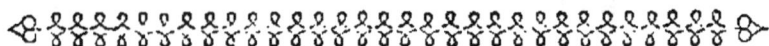

DE QUOI VOUS PLAIGNEZ-VOUS?

Air : *Je vais bientôt quitter l'empire.*

Partisans de la vieille presse,
Vaillants libéraux d'autrefois,
Vous avez enfin pièce à pièce
Démoli le trône des rois ;
Mais quelle mouche encor vous pique?
Pourquoi ces plaintes, ce courroux?
Vous appeliez la république...
Et vous l'avez, de quoi vous plaignez-vous?

Par des émeutes toujours prêtes,
Tenant en bride vos tyrans,
Sous la garde des baïonnettes,
Vous mêliez le peuple à vos rangs ;
Vous frondiez tout de vos bravades,
Fiers de hurler avec les loups,
Vous avez fait des barricades ;
On en refait : de quoi vous plaignez-vous?

Affranchissant par les sciences
Du joug de la Divinité,
Vous brisiez dans les consciences
Les liens de l'autorité.
Traitant la ferveur de faiblesse
Et les jésuites de hiboux,
Vous railliez le pape et la messe :
On n'y croit plus, de quoi vous plaignez-vous?

De réformes insatiables,
On vous voyait gloutonnement
A chaque repas sur vos tables
Dévorer un gouvernement.
Critiquant la loi dans sa forme,
Voyant les grands d'un œil jaloux,
Vous criiez : Vive la réforme!
Vous la tenez, de quoi vous plaignez-vous?

Caméléons, race subtile,
Changeant à propos de couleurs,
Vous trouviez toujours un asile
Pour paraître après nos malheurs.
A l'affût de toutes les grâces,
Savants à boucher tous les trous,
Pourquoi laisser prendre vos places?
Chacun son tour, de quoi vous plaignez-vous?

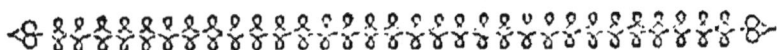

PALINODIE.

Air : *Je loge au quatrième étage.*

La philosophie est en baisse,
Et mon voisin, vieux libéral,
Moins infatué de la presse,
Jette au feu tout son arsenal.
Rousseau, tiré du sanctuaire,
Où son nom luisait sur vélin,
Prend flamme en regard de Voltaire :
Qu'allez-vous lire, mon voisin?

Journaux, machines politiques,
Vont rejoindre chez Lucifer
Tant d'écrits sur les républiques,
Dont il paya l'essai si cher.
Jusqu'au fond d'un modeste ouvrage
Il flaire un perfide venin :
Son Béranger lui fait ombrage.
Qu'allez-vous lire, mon voisin?

Montaigne aussi, son vieux compère,
Cet écrivain de bonne foi,
Qui fut jadis son bréviaire,
Fait dresser ses cheveux d'effroi.
Il s'alarme du ton frivole,
Du vaudeville né malin,
Et craint jusqu'à la gaudriole.
Qu'allez-vous lire, mon voisin?

Des pamphlets qu'il lisait lui-même
Aux mécontents de cabarets,
Quand il fit la guerre au système
Qu'en vain absolvent ses regrets;
Des romans connus de sa fille
Ont aussi le même destin.
Morbleu! mais de fil en aiguille,
Qu'allez-vous lire, mon voisin?

Vieux forban qui déjà se noie
Dans le détroit de la raison,
Trop heureux de lâcher sa proie,
Il jette au vent sa cargaison.
Depuis, autrefois son oracle,
N'est plus pour lui qu'un spadassin!
Volney complète la débâcle.
Qu'allez-vous lire, mon voisin?

Plus rigoriste qu'un évêque,
Plus méticuleux qu'un bigot,
De sa vieille bibliothèque
Il fait un immense fagot !
Sans demander plus de lumière,
Chat échaudé rendu plus fin,
Il craint jusqu'à l'eau de gouttière.
Qu'allez-vous lire, mon voisin?

LE COIN DU FEU.

Air du *Grillon* de Béranger.

Depuis que l'esprit court les rues,
J'ai fermé ma porte aux voleurs :
Fi des cancans! fi des parleurs !
Je veux vivre loin des cohues.
Rêvant beaucoup et parlant peu, ⎫ *Bis.*
Amis, vivons au coin du feu. ⎭

Que mon voisin qui se réveille,
Savant, son journal à la main.

Nous prédise le lendemain
Les événements de la veille :
Rêvant beaucoup et parlant peu,
Amis, vivons au coin du feu.

Un autre pleure, en république,
Les rois déchus par lui chassés ;
Ce n'est que sur les trépassés
Qu'il s'apitoie en politique.
Rêvant beaucoup et parlant peu,
Amis, vivons au coin du feu.

Qu'un vieux rentier mette sa gloire
A narguer tous les mécontents !
Il n'eut jamais, en quarante ans,
Qu'une pensée!... il faut l'en croire.
Rêvant beaucoup et parlant peu,
Amis, vivons au coin du feu.

Un autre entend à sa manière
Le code de l'Égalité :
Pour coiffer saint Paul à côté,
Je crois qu'il décoiffe saint Pierre.
Rêvant beaucoup et parlant peu,
Amis, vivons au coin du feu.

Une question politique
Semble claire aux esprits obtus ;
Mais, ma foi ! je ne comprends plus,
Si certain journal me l'explique.
Rêvant beaucoup et parlant peu,
Amis, vivons au coin du feu.

Un tribun médecin maussade,
Trop connu par ses traitements,
Pour placer ses médicaments
Dit que le pays est malade.
Rêvant beaucoup et parlant peu,
Amis, vivons au coin du feu.

Aux babillards livrons le monde,
Réservant notre petit coin ;
Vivons sans bruit, vivons sans soin,
Et bravons la foudre qui gronde !
Rêvant beaucoup et parlant peu,
Amis, restons au coin du feu.

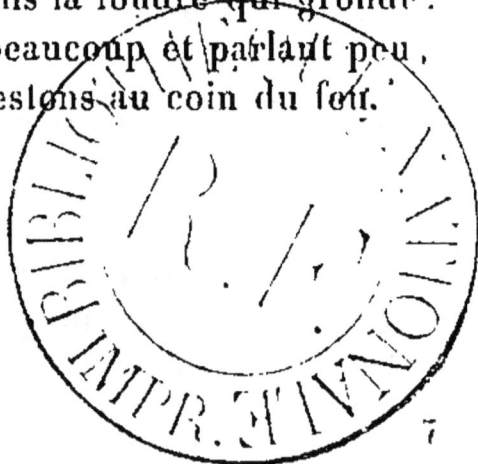

7

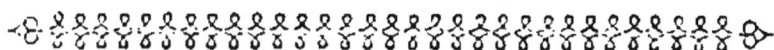

UN CONSEIL GÉNÉRAL.

AIR : *J'ons un curé patriote*, ou du *Sénateur*
de BÉRANGER.

Mes amis, moi, pauvre diable,
On m'a mis dans les honneurs,
Hier, j'étais assis à table
Entre deux vieux procureurs :
Je figurais au régal
Du grand conseil général :
    Quel caquet !
    Quel banquet !
Qu'on dîne bien chez un préfet !
J'en suis encor tout sous l'effet.

Ma foi ! j'en raffole encore,
On m'avait tout juste assis
Sous un drapeau tricolore
Qui me couvrait de ses plis ;

Je voyais presque à mes pieds
Cinquante-trois conviés.
   Quel caquet !
   Quel banquet !
Qu'on dîne bien chez un préfet !
J'en suis encor tout sous l'effet.

J'en atteste les assiettes,
On a tenu bravement,
A la pointe des fourchettes,
L'honneur du département.
Chacun tenant son canton
Tirait sa part du dindon.
   Quel caquet !
   Quel banquet !
Qu'on dîne bien chez un préfet !
J'en suis encor tout sous l'effet.

En vain, pour faire abstinence,
Quelques gens mal inspirés
Prétendent qu'en conscience
Leurs pouvoirs sont expirés ;
C'est à la capacité
Qu'on donne la dignité.
   Quel caquet !
   Quel banquet !

Qu'on dîne bien chez un préfet !
J'en suis encor tout sous l'effet.

Là, pour démontrer des routes
De première utilité,
On creusait de larges voûtes
Dans la croûte des pâtés,
En évitant avec soin
Les cours d'eau... même de loin.
  Quel caquet !
  Quel banquet !
Qu'on dîne bien chez un préfet !
J'en suis encor tout sous l'effet.

Je sortis en rendant grâce
A Dieu qui m'apprend enfin
Que chacun est à sa place
Et classé selon sa faim ;
Devant de tels appétits
Dieu ! que nous sommes petits !
  Quel caquet !
  Quel banquet !
Qu'on dîne bien chez un préfet !
J'en suis encor tout sous l'effet.

LA POPOTE.

Air de *Roger Bontemps*.

Dans nos petites villes,
Des cuisiniers fameux
Ont ouvert des asiles
Aux garçons malheureux.
La savante gargote
Ne désemplit jamais.
Eh! gai! c'est la popote
De nos gens de palais.

Les clercs de la basoche,
Avoués, avocats,
Y vont faire bamboche
A deux francs par repas.
Une grosse Javotte
Leur sert de tous les mets;
Eh! gai! c'est la popote
De nos gens de palais.

En dépit de la rouille,
Vivant sur son vieux temps,
Aucun d'eux n'y dépouille
Ses mœurs d'étudiants.
On vieillit, on radote,
En contant ses hauts faits.
Eh ! gai ! c'est la popote
De nos gens de palais.

Aux ragoûts, aux épices,
Dressés par Flicotaux,
Ils font avec délices
L'éloge des morceaux.
Mais pour eux la carotte
A toujours plus d'attraits.
Eh ! gai ! c'est la popote
De nos gens de palais.

Secondant la cuisine
Dans l'assaisonnement,
La sentence latine
Vient servir de piment.
On discute, on ergote
En croquant les poulets.
Eh ! gai ! c'est la popote
De nos gens de palais.

Au dessert, quand l'œil brille,
Le liquide absorbé
Leur transforme la fille
En ravissante Hébé.
Malheur à la dévote
Qui défend ses attraits !
Eh ! gai ! c'est la popote
De nos gens de palais.

Dans la joyeuse salle
Tombe inopinément
Un ami qu'on régale
Du bordeaux-supplément.
Puis pour le nouvel hôte
Chacun se met en frais.
Eh ! gai ! c'est la popote
De nos gens de palais.

Un avoué qui se pique
De ses nombreux exploits,
Raisonne politique
Et réforme les lois ;
On critique le vote,
On raille les Anglais.
Eh ! gai ! c'est la popote
De nos gens de palais.

Savante académie,
Arbitre du bon goût,
Hors la mélancolie,
Chacun y connaît tout.
Jamais on n'y chuchote,
On n'y bâille jamais.
Eh! gai! c'est la popote
De nos gens de palais.

Vous qui, dans la jeunesse,
Rencontrant le chagrin,
Devancez la vieillesse
Sous les lois de l'hymen ;
Vous que femme dévote
Retient dans ses filets,
Allez à la popote
De nos gens de palais.

LE COTILLON.

Air de *Frétillon.*

Mes amis, en conscience,
Je ne sais pourquoi Dieu mit
Le génie et la science
Sous la culotte et l'habit.
    Le cotillon   (*Bis.*)
      (Ce mot vexe
      Notre sexe)
Fera honte au pantalon.

En secret il faut le dire,
Peut-être aussi trop souvent
Sur les femmes, pour produire,
Nous avons pris le devant.
    Le cotillon   (*Bis.*)
      Prend pour rôle
      La parole,
Et fait honte au pantalon.

Quoi! nous voulions sans vergogne
Prendre en tout le bon côté,
Et reléguer la besogne
A ce sexe, emmaillotté.
    Le cotillon,   (*Bis.*)
      Pour produire,
      Pour s'instruire,
Se passe du pantalon.

Dans son sens prenant la chose,
Le cotillon plus subtil
Nous défie en vers, en prose,
Sans jamais lâcher le fil.
    Le cotillon,   (*Bis.*)
      Dans l'arène,
      A plus d'haleine,
Et fait honte au pantalon.

Sur les hommes dans le drame
Le cotillon prend le pas;
Il sait ourdir une trame
Et broder un canevas.
    Le cotillon   (*Bis.*)
      Peut sans peine
      Sur la scène
Distancer le pantalon.

Dans le cas du mariage,
Le cotillon plus savant,
Sans sortir de son ménage,
Sait composer un roman.
   Le cotillon,   (*Bis.*)
     Par son livre
     Qui l'enivre,
Convertit le pantalon.

Pour avancer ses études,
Changeant de mœurs et d'amants,
Il revêt leurs habitudes,
Et jusqu'à leurs vêtements.
   Le cotillon,   (*Bis.*)
     Las d'un sexe
     Qui le vexe,
Prend parfois un pantalon.

Bien déguisé de la sorte,
Vers la chambre d'un ami
Le cotillon, sans escorte,
Se glisse en catimini.
   Le cotillon   (*Bis.*)
     Prend mesure
     Sur nature
Pour se faire un pantalon.

Le cotillon politique
Prêche la fécondité,
Met sa maxime en pratique
Et pousse à l'humanité.
        Le cotillon,
            Sans satire,
            Il faut dire,
Fait honneur au pantalon.

UN PHALANSTERE A TABLE.

AIR : *Bon voyage, Monsieur Dumollet.*

A l'ouvrage, frères-amis !
        Sur votre terre
    Fondons un phalanstère ;
A l'ouvrage, frères-amis,
Fourchette en main démolissons Paris !

C'est trop longtemps porter au monopole
Tous nos bestiaux et tous nos beaux esprits ;

Que la province à son tour fasse école ;
Sur notre sol consommons nos produits.

A l'ouvrage, frères-amis !
Sur votre terre,
Fondons un phalanstère ;
A l'ouvrage, frères-amis !
Fourchette en main, démolissons Paris !

Laissons Cabet courir en Icarie
Organiser le bonheur au Texas ;
A table, au sein de la mère-patrie,
Changeons les mœurs en réformant les plats.

A l'ouvrage, frères-amis !
Sur votre terre
Fondons un phalanstère ;
A l'ouvrage, frères-amis,
Fourchette en main démolissons Paris !

Dans notre jeune et sainte colonie,
D'accord surtout à l'endroit du ragoût,
Nos cuisiniers maintiendront l'*harmonie*,
Et nos gourmets maintiendront le bon goût.

A l'ouvrage, frères-amis !
Sur votre terre

Fondons un phalanstère ;
A l'ouvrage, frères-amis,
Fourchette en main démolissons Paris !

Là, réunis à l'entour de la soupe,
Dans une douce et libre intimité,
Nous trouverons l'origine du *groupe*
En trinquant tous à la fraternité.

A l'ouvrage, frères-amis !
        Sur votre terre
    Fondons un phalanstère ;
A l'ouvrage, frères-amis,
Fourchette en main démolissons Paris !

Mais dans ce *groupe* un convive hasarde
A sa voisine un couplet enflammé ;
On se rapproche, on chuchote, on bavarde,
L'amour jaillit... le *sous-groupe* est formé !

A l'ouvrage, frères-amis !
        Sur votre terre
    Fondons un phalanstère ;
A l'ouvage, frères-amis,
Fourchette en main démolissons Paris !

Expliquons-nous le clavier planétaire
A la façon de monsieur Toussenel ;

Réglons surtout notre clavier dentaire
Au rhythme du clavier passionnel.

    A l'ouvrage, frères-amis !
        Sur votre terre
      Fondons un phalanstère ;
    A l'ouvrage, frères-amis,
Fourchette en main démolissons Paris !

Sur ce clavier que Dieu mit dans nos bouches,
Nous savons tous jouer dans tous les tons ;
A l'œuvre donc ! que nos trente-deux touches
Sur le pâté vibrent à l'unisson.

    A l'ouvrage, frères-amis !
        Sur votre terre
      Fondons un phalanstère ;
    A l'ouvrage, frères-amis,
Fourchette en main démolissons Paris !

O grand Fourier, père des astronomes,
Tu marias la terre avec les cieux !
Chaque astre au ciel dégageant ses aromes
Enfante ici des fruits délicieux.

    A l'ouvrage, frères-amis !
        Sur votre terre

    Fondons un phalanstère ;
A l'ouvrage, frères-amis,
Fourchette en main démolissons Paris !

La pâle lune aux lueurs poétiques
Donne à la pêche un incarnat vermeil ;
Mais le raisin aux couleurs énergiques
Sort tout brûlant des baisers du soleil.

    A l'ouvrage, frères amis !
        Sur votre terre
    Fondons un phalanstère ;
    A l'ouvrage, frères-amis,
Fourchette en main démolissons Paris !

Mais, à la fin de notre promenade,
Quel phénomène à mes yeux se produit ?
La mer se change en flots de limonade,
Des astres neufs illuminent la nuit.

    A l'ouvrage, frères-amis !
        Sur votre terre
    Fondons un phalanstère ;
    A l'ouvrage, frères-amis,
Fourchette en main démolissons Paris !

En attendant que la pauvre planète
Ait retrouvé ses constellations,

Et que chacun se prolonge en comète,
Tirons parti du peu que nous avons.

    A l'ouvrage, frères-amis !
        Sur votre terre
        Fondons un phalanstère ;
    A l'ouvrage, frères-amis,
Fourchette en main, démolissons Paris !

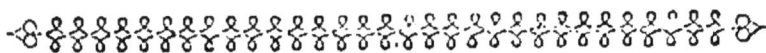

SUR UN SUBSTITUT PIANISTE.

Air du *Grenier* (DE BÉRANGER).

Je l'écoutais, et mon âme ravie
Cherchait le ciel au bruit de ses accords :
Déjà sa main, prodigue d'harmonie,
Du piano m'étalait les trésors :
Mais un gendarme à la triste figure,
Botté, ganté, cousu de brandebourgs,
Entre et lui dit : « Le tribunal murmure. »
—Maudit gendarme, entreras-tu toujours! (*Bis.*)

8

Je l'attendis, et sa main magistrale
Revint encor errer sur son clavier.
De Beethoven déjà la pastorale
A mes regards ouvrait un monde entier ;
Mais au milieu de l'extase divine
Le gendarme entre en criant : « Au secours !
» Mon substitut, courez ! On s'assassine... »
— Maudit gendarme , entreras-tu toujours !

Une autre fois , rêvant à quelque femme,
Loin du fatras du parquet et des lois ,
Pauvre poëte, il laisse errer son âme
Au gré du chant qui jaillit sous ses doigts :
Déjà, de loin, il croit entendre un ange...
Mais le gendarme est cruel aux amours :
« Mon substitut, pardon !... je vous dérange...
— Maudit gendarme, entreras-tu toujours !

Ami, je sens, en mesurant ta chute,
A la hauteur où ton vol t'a porté,
Combien , hélas ! doit souffrir dans la lutte
Ton cœur meurtri par la réalité ;
Mais un jour vient où bientôt ton génie
Loin des tracas suivra son noble cours :
Comme un trésor garde bien l'harmonie ,
Les alguazils n'entreront pas toujours.

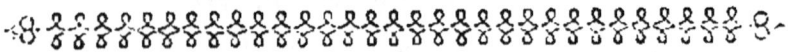

SUR UN JUGE MUSICIEN.

Air du *Roi d'Yvetot*.

Un tribunal n'y voyant rien
　　Dans une plaidoirie,
Nomma juge un musicien
　　Pour mettre l'harmonie.
Depuis ce jour les magistrats
Décident au son des polkas
　　　　Les cas !
　　　Et crin, crin, crin !
　　　Plus de chagrin ;
Des procès on va voir enfin
　　　　La fin !

La loi, dit-on, dans maint endroit,
　　Est mal interprétée
Dans les livres obscurs du droit :
　　Lui, voit *double portée ;*
Partout il lit *à livre ouvert*
Où le juge le plus expert
　　　　Se perd !

Et crin, crin, crin!
Plus de chagrin;
Des procès on va voir enfin
La fin!

Dans son zèle, un jeune avocat
S'échauffant de sa glose,
Est tout près de faire un éclat
Qui compromet sa cause;
Mais il entend le violon
Qui lui rend le diapason
Du ton!
Et crin, crin, crin!
Plus de chagrin;
Des procès on va voir enfin
La fin!

Chez des époux de quarante ans
S'il voit guerre intestine,
Il choisit un air de leur temps
Qu'il leur joue en sourdine.
A ce chant l'époux se souvient;
La femme, qu'un charme retient,
Revient!
Et crin, crin, crin!
Plus de chagrin;

Des procès on va voir enfin
    La fin !

Si jadis le roi saint Louis,
    Assis au pied d'un chêne,
Mettait d'accord grands et petits,
    Dans le bois de Vincennes,
C'est qu'en dansant un rigodon,
Les plaideurs se disaient au son :
      Pardon !
    Et crin, crin, crin !
    Plus de chagrin ;
Des procès on va voir enfin
    La fin !

Si je peignais les attributs
    De la justice en France
Je mettrais des *rés* et des *uts*
    Autour de la balance,
Pour montrer que tout juge a tort
S'il ne connait à fond d'abord
      L'accord !
    Et crin, crin, crin !
    Plus de chagrin ;
Des procès on va voir enfin
    La fin !

TABLE ALPHABÉTIQUE.

FIN DE L TABLE.

17

www.ingramcontent.com/pod-product-compliance
Lightning Source LLC
Chambersburg PA
CBHW051735090426
42738CB00010B/2268